PSICOANALISI NORMATIVA

PSICOANALISI NORMATIVA

COME IL DOGMA EDIPICO FORMA LA CULTURA DEL CONSUMO

BY PETER FRITZ WALTER

Published by Sirius-C Media Galaxy LLC
Business Filings Incorporated
108 West 13th St., Wilmington, DE 19801

Italian Translation by Peter Fritz Walter

The moral right of the author has been asserted

Set in Trajan Pro and ITC Berkeley Oldstyle Std

Designed by Peter Fritz Walter

Publishing Categories
Psychology / Psychotherapy / Child & Adolescent

Publisher Contact Information
publisher@sirius-c-publishing.com
http://sirius-c-publishing.com

Author Contact Information
pfw@peterfritzwalter.com

About Dr. Peter Fritz Walter
http://peterfritzwalter.com

Parallelamente a una carriera di diritto internazionale in Germania, Svizzera e Stati Uniti, il Dr. Peter Fritz Walter (Pierre) si è concentrato sulle belle arti, la cucina, l'astrologia, la performance musicale, le scienze sociali e umanistiche.

Ha iniziato a scrivere saggi da adolescente e ha ricevuto un premio per la scrittura creativa e il lavoro editoriale per la rivista scolastica.

Dopo aver conseguito il diploma in giurisprudenza, si è laureato con un LL.M. in Integrazione Europea all'Università di Saarland, Germania, e con un titolo di dottore in giurisprudenza all'Università di Ginevra, Svizzera, nel 1987.

Ha poi seguito corsi di psicologia all'Università di Ginevra e ha intervistato diversi psicoterapeuti a Losanna e a Ginevra, in Svizzera. Il suo interesse si è intensificato grazie a una ipnoterapia con un ipnoterapista americano Ericksoniano a Losanna. Questo lo ha portato al recupero e alla guarigione del suo bambino interiore.

Nel 1986 incontrò a Parigi la defunta psicoterapeuta e psicoanalista infantile francese Françoise Dolto (1908-1988) e la intervistò. Al loro incontro ha fatto seguito una lunga corrispondenza che è stata considerata dai curatori del Dolto Trust abbastanza interessante da essere pubblicata in un libro insieme a tutti gli altri scambi di lettere di Dolto da parte della Gallimard Publishers a Parigi, nel 2005.

Dopo una seconda carriera come formatore aziendale e personal coach, Pierre si è ritirato come scrittore, filosofo e consulente a tempo pieno.

I suoi libri di saggistica sottolineano una prospettiva sistemica, olistica, interculturale e interdisciplinare, mentre le sue opere di narrativa e i suoi racconti si concentrano sull'educazione, la filosofia, la saggezza perenne e la formulazione poetica di una visione del mondo integrativa.

Pierre è di madrelingua bilingue tedesco-francese e scrive l'inglese come quarta lingua dopo il tedesco, il latino e il francese. Legge anche la letteratura di fonte per le sue ricerche in spagnolo, italiano, portoghese e olandese. Inoltre, Pierre ha nozioni di thailandese, khmer, cinese e giapponese.

Tutti i libri di Pierre sono realizzati a mano e autoprodotti, disegnati dall'autore. Pierre pubblica attraverso la sua società del Delaware, Sirius-C Media Galaxy LLC, e sotto l'impronta di IPUBLICA e SCM (Sirius-C Media).

CONTENUTO

Dedicated to the late Françoise Dolto (1908-1988) who so far was the one and only professional to correctly understand my activism for the cause of the child.

CAPITOLO UNO

Il Groviglio del Bambino Consumatore

Permettetemi di chiarire prima di tutto perché sono venuto a fare ricerche su questi temi pelosi della *codipendenza* e dell'*abuso emotivo* dopo aver avviato, nel 1985, un progetto di ricerca molto più ampio sul tema della violenza fisica e sessuale contro i bambini.

È stato un evento casuale, se non sincronico, della vita reale che mi ha portato a spostare l'attenzione, dopo circa tre mesi di intensa ricerca. Ho scoperto innanzitutto che, mentre la violenza contro i bambini e l'abuso sessuale sui bambini erano argomenti già ben coperti dalla scienza forense e dalla psicologia, all'epoca non c'era nulla di buono da trovare sull'abuso emotivo.

Ma questo da solo probabilmente non mi avrebbe portato su quella che oggi considero la strada giusta; sono stati gli incontri con adolescenti durante il mio lavoro di ricerca negli Stati Uniti che mi hanno portato a ripensare la mia proposta di ricerca iniziale, e ad aprirmi a ciò che avevo semplicemente trascurato—e sintomaticamente sì, perché io stesso sono stato abusato emotivamente durante l'intero corso della mia infanzia e della mia giovinezza, e anche da giovane adulto.

Una volta scoperto il nuovo percorso della mia ricerca, non ci ho messo molto a capire che c'è qualcosa come una *relazione graduale* tra codipendenza e abuso emotivo, che entrambe le eziologie hanno una radice comune in quanto l'abuso emotivo non è altro che l'ottava più alta della codipendenza genitore-figlio, il peggioramento di una condizione patologica che nella maggior parte dei casi passa inosservata e che è ancora dannosa per il bambino che cresce in autonomia e fiducia in se stesso.

Permettetemi di sottolineare che la mia definizione di *codipendenza* si differenzia leggermente dalla ricerca tradizionale per la semplice ragione che mi sono specializzata fin dall'inizio sulla codipendenza genitore-figlio, mentre il problema di solito viene discusso più in termini di codipendenza di coppia, il problema che in una relazione di coppia uno dei partner proietta il proprio genitore del sesso opposto sull'altro partner con il risultato che i rapporti sessuali saranno resi impossibili prima o poi.

Inutile aggiungere che la codipendenza genitore-figlio è molto più devastante per il bambino di quanto possa esserlo per uno qualsiasi dei partner in un matrimonio o concubinaggio codipendente, semplicemente perché il biosistema dei bambini è molto più morbido di quello di un adulto, e può quindi essere più facilmente impresso con modelli di comportamento che, buoni o meno, in seguito formeranno il comportamento complessivo della persona.

Per esempio, un uomo che è stato per tutta la sua infanzia codipendente con la madre, mentre il padre era assente, avrà sempre rapporti conflittuali con le donne, se avrà rapporti con le donne, e non opterà più tardi per rapporti con bambine o bambini, al fine di aggirare 'l'ingiunzione di incesto' resa dal suo critico interiore che agisce sotto l'incantesimo di quella che sono venuto a chiamare la 'Confusione Cognitiva Edipica.'

È importante capire che la codipendenza e l'abuso emotivo, mentre sono trattati sotto due intestazioni diverse, sono due poli dello stesso complesso psichico, ed è per questo che ne parlo qui in uno stesso studio. Come osservazione a margine, vorrei aggiungere qui che discuto la codipendenza genitore-figlio come sinonimo sotto le intestazioni di *cofusione*, *fusione secondaria*, *pseudo-fusione* e *simbiotologia*, termini che ho forgiato io stesso e che trovo più descrittivi del termine 'codipendenza.'

È in generale un problema di dipendenza che si manifesta nel rapporto genitore-figlio tipicamente per la prima volta dopo la critica simbiosi madre-figlio, e quindi come regola generale dopo il 18° mese di vita del neonato.

Ciò che è generalmente poco noto è il fatto che anche prima del compimento del 18° mese del neonato, madre e figlio interagiscono in una sottile comunicazione sui limiti che rivela fino a che punto la madre è in grado e disposta a dare o meno autonomia al neonato. Questo dialogo precoce, che è il più delle volte non verbale, è stato trovato per condizionare profondamente le persone per i loro modelli di comportamento relazionali successivi.

Questo è più vero nel rapporto madre-figlio che nel rapporto padre-figlia, semplicemente perché il fornitore di matrici ha più potere condizionante sul bambino, sia esso maschio o femmina, che non il donatore di sperma.

Questa valutazione della scena primordiale è stata ritenuta valida sia dalla psicoanalisi freudiana che dall'Analisi Transazionale (AT), e non è in quanto tale una questione di condizionamento culturale, o di conformità al matriarcato o al patriarcato.

La codipendenza è uno dei principali elementi costitutivi dell'intreccio politico e sociale di quella che io chiamo *Cultura Edipica*. I fattori scatenanti che sono stati rivelati nella mia e in altre ricerche lo sono:

- La madre non voleva davvero il bambino;

- La madre tiene più alla sua carriera che al suo bambino;

- Mancanza di una sana interazione fisica genitore-figlio;

- I genitori lasciano il bambino ai babysitter per la maggior parte del tempo;

- Insufficiente contatto visivo nel rapporto madre-figlio;

- Allattamento al seno insufficiente o nullo;

- La madre allattava al seno ma provava repulsione;

- Sindrome di deprivazione tattile del neonato;

- Identità della madre basata sulla vergogna e conseguente comportamento di rigetto:

  - quando il bambino mostra un comportamento erotico e la madre distoglie lo sguardo;

  - quando il bambino si tocca i genitali e la madre gli toglie le mani di dosso;

  - quando il bambino cerca la vicinanza con la madre e la madre lo mette a dormire;

  - quando la madre tiene il bambino costantemente lontano dal suo corpo, per evitare di toccarlo e di essere toccato;

  - quando la madre non ha costantemente 'tempo' per il bambino e ammonisce il bambino a non essere 'così esigente.'

  - ecc.

- Il padre ha lasciato moglie e figlio durante la gravidanza, dopo il parto o non molto tempo dopo;

- Il padre, quando fa ancora parte della famiglia, è buono come non mai presente, alcolizzato o pratica la progenie;

- Il padre rifiuta di assumere qualsiasi ruolo nella cura dei figli;

- Il padre abusa della madre e/o del bambino, ecc.

In altre parole, la codipendenza è una *reazione di compensazione di organismi aggrovigliati* che intende sanare una scissione causata da una mancanza di intimità precoce. L'aggrovigliamento paradossalmente deriva dalla mancanza di vicinanza fisica e di comunicazione, dalla privazione tattile generale del bambino, ma anche da elementi non fisici, come i pensieri dei genitori costantemente concentrati sul denaro e sullo status o i bambini generalmente relegati a ricevere affetto da custodi secondari, infermieri, babysitter, insegnanti di casa e simili.

L'ingarbugliamento avviene in particolare attraverso la *mancanza di autonomia* del bambino e la mancanza di esposizione alle esperienze e alla vita sociale al di fuori della famiglia.

I dettagli sono stati mostrati con abbondanti prove dalle ricerche a lungo termine di James W. Prescott, Ashley Montagu, Michel Odent, Frederick Leboyer, Melanie Klein, Alexander Lowen e altri.

Il problema della codipendenza è per ovvie ragioni molto più stringente nelle culture occidentali bianche individualiste e separative che nelle società aperte altamente socievoli come quelle africane, sudamericane o asiatiche. Eppure in queste culture affrontiamo il problema anche nelle classi medie e superiori oggi, perché hanno adottato i valori occidentali e uno stile di vita che clona la maggior parte dei modelli di comportamento occidentali alienati, evitando così la loro perenne saggezza, di cui i loro anziani sono ancora consapevoli.

Ci sono molti miti che distorcono e distruggono le relazioni erotiche naturali ma non sessuali tra genitori e figli, e queste visioni popolari distorte in realtà favoriscono e sostengono la codipendenza, invece di aiutare ad evitarla. Per esempio, contrariamente a quanto si crede, la codipendenza patologica tra genitore e figlio non è il risultato di una troppa interazione fisica e di un affetto e una tenerezza condivisi, ma al contrario, attraverso l'ostilità e la prudenza del tatto. Si è spesso creduto che un ragazzo sviluppi un rapporto di codipendenza con la madre quando è 'troppo vicino' a lei, o quando dorme con la madre nello stesso letto. Questo non è vero.

Le cause della *codipendenza madre-figlio* sono spesso rappresentate in modo eccessivamente semplificato o addirittura distorto. Per cominciare, non è attraverso un'abbondante condivisione di piacere, affetto, tenerezza e contatto con il corpo che la codipendenza si manifesta. Non è attraverso la madre e il figlio, o il padre e la figlia, che dormono insieme, fanno il bagno insieme, condividono la nudità, e non è attraverso la loro condivisione di un'attrazione naturalmente sensuale ed erotica l'uno per l'altro.

Al contrario, se questi elementi fossero fattori causali nell'eziologia della codipendenza, ogni abbondanza di sensualità materna o paterna porterebbe a intrappolare i bambini in relazioni pseudo-incestuose. Ma questo non è il caso. Se una madre è pienamente presente eroticamente per il suo bambino-ragazzo, senza essere incestuosa, e lo abbraccia sensualmente dandogli allo stesso tempo la necessaria autonomia secondo la sua età e le sue capacità, il ragazzo padroneggia facilmente il *Complesso di Edipo* e sviluppa la sua eterosessualità pienamente funzionale; proietterà quindi la sua libido sulle coetanee della sua età, o approssimativamente della sua età. Lo stesso vale per il rapporto padre-figlia per quanto riguarda la padronanza del *Complesso di Elettra* da parte della ragazza-bambina e la proiezione dei suoi sentimenti sessuali sui ragazzi coetanei.

Ci sono molti segnali falsi nella cultura popolare di oggi e pubblicazioni psicologiche volgarizzate. Questi falsi segnali portano i genitori a diventare sempre più insicuri riguardo al ruolo che l'affetto fisico e il tocco sensuale giocano nella sana genitorialità. Questo fa sì che i genitori siano più o meno costantemente bombardati da messaggi ambigui, con la conseguenza che molti genitori si ritirano fisicamente dai propri figli, inclinandoli così ad atroci sentimenti di abbandono, solitudine e disperazione.

Come risultato della pediatria americana degli anni 60a, che ha sostenuto la separazione fisica tra genitori e figlio, che nel frattempo è vista come un errore fondamentale, molti dei genitori di oggi hanno avuto essi stessi un'infanzia deprivante e sono diventati genitori disfunzionali dei propri figli.

Il fatto è che è attraverso l'assenza del padre, insieme a un processo di identificazione basato sulla vergogna nel rapporto madre-figlio, che si realizza la codipendenza madre-figlio. La ragione della costellazione più drammatica nel rapporto madre-figlio ha a che fare con la maggiore fragilità psichica del maschio umano in generale, e con il semplice fatto che è la madre ad essere la matrice, non il padre, in particolare.

Se vogliamo aggiungere un altro complesso problematico, è la *relazione madre-figlia codipendente*. Al contrario, nella nostra cultura la cura padre-figlio è raramente codipendente semplicemente perché il padre è per la maggior parte del tempo assente. E questo è, quindi, anche uno dei fattori causali della codipendenza madre-figlio. A parte questo, ci sono casi singolari di codipendenza padre-figlia e sono caratterizzati dal fatto che il padre protegge eccessivamente la bambina in modo da tenerla 'lontana dalla vita.'

Come ho visto in molte famiglie, questo può portare a costellazioni e relazioni assurde che esprimono simbolicamente che al bambino non è più permesso di camminare sui propri piedi, ma sui piedi del padre, in modo da essere 'protetto dalla durezza della vita.' Il problema è molto più evidente nella cultura bianca americana che nella cultura nera americana, o in qualsiasi altra cultura non occidentale e tribale (nativa).

La mia ricerca ha dimostrato che praticamente le uniche culture che non hanno il problema sono le culture tribali, cioè la maggior parte delle popolazioni indigene di tutto il mondo.

Un elemento importante di questa eziologia, che è stato appena chiarito dalla ricerca moderna, è che questi bambini vivono una *terribile e duratura solitudine* durante tutta la loro infanzia e gioventù.

Un'altra importante intuizione sulla codipendenza madre-bambino è che priva il bambino, tipicamente il ragazzo, del tempo e delle cure necessarie per sviluppare la sua vera intelligenza, le sue doti e i suoi talenti intrinseci.

Gli uomini che crescono ingarbugliati con le loro madri sono intrappolati in una rete di responsabilità, o di obblighi, o di ciò che viene sentito come tale, che impedisce loro di pensare veramente a se stessi, e di farsi gli affari propri.

Il risultato è che difficilmente pensano ai loro progetti fino alla fine, prendendo tempo e riposo per costruire la propria visione, costantemente tormentati dalle loro madri esigenti, minacciati dalla negazione dell'amore o anche dalla fame finanziaria nel caso in cui disobbediscano e comincino a vivere la propria vita.

In questo senso, si può dire che il figlio porta la croce per i peccati commessi dalla madre, ed è davvero un peccato capitale soffocare le energie e l'intelligenza di un giovane, gettando il proprio peso come madre e ignorando la sua fragilità come uomo. In questo senso, molte donne nella nostra società hanno bisogno di essere istruite su cosa sia la maternità giusta e, ancor più, su cosa sia la maternità sbagliata.

Non solo l'uomo 'amante della madre' è soggetto al ridicolo e all'umiliazione, ma è anche uno dei principali attori sul palcoscenico dei crimini sessuali incentrati sui bambini.

I nostri mass media descrivono la verità in modo distorto, suggerendo con la loro retorica politicamente corretta che un ragazzo deve prendersi cura di sua madre per sempre, se è un 'bravo ragazzo.' Queste opinioni devono essere giudicate perverse, perché stanno davvero mettendo la natura sottosopra. *L'infanzia è transitoria.* Punto.

La psicoanalista e terapista infantile francese *Françoise Dolto (1908-1988)* ha analizzato questo problema nel rapporto madre-figlio, nel suo libro *Psychanalyse et Pédiatrie (1971)*, e scrive:

> Ci sono ragazzi che rimangono amorevolmente fissati con le loro madri; il loro comportamento è caratterizzato dal fatto che non tentano di 'sedurre' nessun'altra donna. Se il padre è vivo, i due uomini litigano continuamente, perché il fatto che il ragazzo non si distacchi dalla madre e cerchi altri oggetti d'amore e di sesso dimostra che il ragazzo non ha liquidato—in un'amicizia di uguaglianza con il padre—la sua omosessualità pre-edipica. Si preparerà quindi a mettersi 'nei guai' con il padre attraverso il suo comportamento difficile e provocatorio. (Traduzione mia)

> Quando il padre se ne è andato e il ragazzo si 'dedica' alla madre, questo comportamento può essere

accompagnato da vere e proprie sublimazioni sociali, che si associano alle attività derivanti dalla repressione della sessualità genitale e procreativa, ma questo ragazzo non può comportarsi sessualmente e affettivamente come un adulto. Soffre di sentimenti di inferiorità nei confronti degli uomini che inconsciamente si identifica con il padre; può anche essere un iper-genitale che è sempre avido di avere nuovi partner sessuali verso i quali non costruirà mai un vero attaccamento, ma si mostrerà impotente nei rapporti con qualsiasi donna che ama veramente, perché questo è associato nel suo inconscio all'oggetto tabù incestuoso. (Id., 88, Traduzione mia)

I messaggi con cui questi ragazzi e giovani sono tipicamente bombardati sono, per esempio, i messaggi:

—Sei egoista

—Sei come tuo padre ...

—Pensa un po' a tua madre ...

—Sono sempre seduto a casa, non puoi trovare il tempo e farmi fare un giro?

—Dovresti avere più gratitudine per tua madre, ecc.

E quando il ragazzo è sulla strada giusta e sviluppa davvero un interesse genuino e unico, la madre avrà abbastanza motivi per dirgli che non è all'altezza:

—Perché passi così tanto tempo per questo, non porta da nessuna parte ...

—Stai con i piedi per terra, hai idee grandiose ...

—Come tuo padre, bocca grande e poca saggezza ...

—Altri l'hanno fatto prima, quindi dov'è il senso di tutto questo?

—È meglio che passi il tuo tempo a prenderti cura della tua vecchia madre!

—Perché non segui il mio consiglio, sei proprio testardo.

—Te l'ho sempre detto, ma tu sai tutto meglio di me...

Molto male nel mondo fatto dagli uomini affonda le sue radici in un irrigidimento del rapporto madre-figlio che priva il ragazzo per anni delle sue energie vitali, bloccando il suo flusso emotivo fino all'oblio. Questo è, quindi, il motivo per cui questi uomini un giorno esplodono, per così dire, per pensare a se stessi per una volta, e fanno qualcosa di orribile, a una donna, a una bambina, o a un anziano. E chi va in prigione è sempre il ragazzo, poi un uomo, e non sua madre. E questo, a mio modesto parere, dovrebbe essere cambiato. Le donne devono essere rese responsabili di abusi in quanto madri, non solo uomini, e padri! Le donne sostengono sempre di non avere abbastanza responsabilità sotto il patriarcato, ma la maggior parte delle donne negano apertamente il loro atteggiamento offensivo nei confronti dei loro figli nella nostra società, che è un abuso di responsabilità, un abuso di potere. Tuttavia, questo abuso è nascosto per la maggior parte, e spesso velato dietro l'attivismo femminista, una carriera o quello che sono arrivata a chiamare un atteggiamento da vittima. Le donne piangono sempre per gli abusi quando si tratta di loro, mai quando si tratta dei figli che spingono alla follia, al suicidio, allo stupro di bambini o addirittura all'omicidio. E qui le nostre leggi penali devono assolutamente essere cambiate!

Naturalmente, nella pratica clinica e psicoterapeutica, la codipendenza non si manifesta in primo luogo come un problema genitore-figlio, ma come un problema marito-coniuge, ed è per questo che si presenta nella consulenza matrimoniale e nella terapia familiare. Ed è proprio questo che la rende così intricata e difficile da curare in ambito terapeutico.

Ciò che molti operatori trascurano è che il problema non ha origine nel rapporto con il partner, ma nelle precedenti relazioni genitore-figlio che entrambi i partner hanno avuto e che proiettano, come una questione di automatismi inconsci, sul loro partner. Tutti proiettiamo il nostro genitore del sesso opposto sul nostro coniuge o marito, solo che ci sono due modi essenzialmente diversi di farlo, un modo cosciente basato sull'abbandono del genitore (lutto), o un modo inconscio basato sull'intreccio, la confusione e l'odio-amore.

Nella terminologia freudiana del *Complesso di Edipo,* la prima alternativa corrisponde a quello che Freud chiamava un *Edipo liquidato* e la seconda corrisponde a quello che Freud chiamava un *Edipo irrisolto.*

Christopher Bagley scrive nel suo libro *Child Abusers: Research and Treatment* (2003):

> L'abuso emotivo causa il danno più a lungo termine ai bambini, anche se le combinazioni di abuso emotivo con quello fisico e/o sessuale causano il maggior danno alla salute mentale a lungo termine.

Ma cos'è l'abuso emotivo, l'incesto emotivo o l'incesto segreto? Penso che oggi molti uomini abbiano un rapporto abbastanza sadico con le donne, che è qualcosa come una reazione di vendetta o una compensazione per la codipendenza che hanno avuto con le loro madri. Inconsciamente, questi uomini vogliono punire le loro madri per le continue umiliazioni, il costante ritiro dell'affetto, l'amore condizionato che hanno ricevuto e la dolorosa mancanza di autonomia che è la triste realtà in questo tipo di rapporti esclusivi.

Il problema principale nella nostra cultura è il rapporto madre-figlio e, come tutti i nostri problemi sociali e relazionali, scaturisce da questa grande distorsione. Molti uomini proiettano i loro sentimenti controversi verso le loro madri in un secondo momento, verso i loro coniugi, le loro fidanzate e anche le bambine che incontrano, con il risultato che l'ambiguo, ambivalente e poco consapevole sentimento di aggressività nei confronti delle loro madri viene proiettato verso l'esterno nella società, e crea scompiglio nei rapporti uomo-donna e uomo-ragazza.

Questa aggressione negli uomini avviene attraverso la combinazione della mancanza di autonomia nella loro fanciullezza, l'assenza del padre, l'atteggiamento esigente della madre che esige che il figlio rimanga a casa, l'educazione rigorosa con frequenti punizioni umilianti, l'isolamento dai coetanei attraverso l'iperprotezione materna, l'atteggiamento di rinchiudere il ragazzo in un rapporto esclusivo, intimo ed emotivamente offensivo, l'atteggiamento di vittima della madre, e la demonizzazione esplicita o nascosta dei rapporti tra pari, delle amicizie e della vita sociale del ragazzo.

Una via d'uscita potrebbe essere una certa persistenza del ragazzo di fronte a tale situazione, e una fermezza da sviluppare da parte sua che insiste sul suo diritto a mantenere rapporti con coetanei, adolescenti e adulti diversi dalle figure di tutela e dalla famiglia, e che chiede un certo tempo libero, ogni fine settimana, per uscire da solo e senza controlli. Questo potrebbe dare al giovane maschio l'opportunità di parlare delle sue pressioni emotive, delle umiliazioni che subisce e dei suoi sentimenti confusi, soprattutto quando il ragazzo si trasforma in adolescenza e questi sentimenti di aggressività iniziano a diventare sessualizzati e diventano impulsi sessuali più o meno violenti.

Mentre in genere, con i giovani iperprotetti, all'inizio si verifica un problema di accettazione in qualsiasi relazione di gruppo e all'inizio si può sperimentare una certa ostilità, non può che essere vantaggioso per i giovani lasciare il nido di tanto in tanto per cercare compagnia tra pari e anche per i maschi e le femmine adulti, che possono essere in stato di sostegno al ragazzo nella sua legittima ricerca di autonomia e rispetto.

Il consiglio che do è di *rafforzare l'autonomia personale,* e di entrare in un dialogo interiore con l'ombra, e con il bambino interiore, per svelare le distorsioni nascoste nel rapporto madre-figlio che è stato interiorizzato e che può essere gradualmente reso consapevole attraverso questo tipo di lavoro.

Il risultato della mia ormai trentennale ricerca sull'abuso e le parafilie sessuali è che queste distorsioni sessuali derivano da una codipendenza madre-figlio che ha raggiunto un livello di gravità tale da essere qualificata come abuso emotivo, e che deve essere considerato come uno dei maggiori problemi relazionali dei nostri tempi.

Sfortunatamente, la psichiatria occidentale solo molto recentemente ha iniziato ad avere un accenno della patologia dell'abuso emotivo; per ripeterlo, quando ho iniziato la mia ricerca, nel 1985, non c'era ancora nessun libro pubblicato sull'argomento, mentre l'abuso emotivo è oggi considerato come la forma peggiore e più a lungo termine di abuso, in quanto è di tutte le eziologie di abuso l'eziologia primaria.

L'abuso sessuale è solo una delle numerose conseguenze dell'abuso emotivo. L'abuso emotivo è diventato qualcosa di simile alla mia specialità di ricerca e ancora oggi, ho scoperto, sono relativamente pochi i libri pubblicati a riguardo, mentre intere biblioteche sono state scritte sull'abuso sessuale e sull'incesto padre-figlia.

Contrariamente a molti psichiatri, sono arrivata a credere, attraverso la mia ricerca, che la tensione psichica a lungo termine e le fissazioni che l'abuso sessuale provoca non sono tipicamente legate all'esperienza sessuale, se ce n'è stata, ma ai seguenti fattori che sono, o non sono, presenti in questi casi:

—Improvvisazione dell'esperienza;

—Il comportamento dell'adulto era in conflitto con il codice sociale o con l'atteggiamento familiare;

—Effetto di trascinamento che ha portato all'ansia immediata;

—Atteggiamento di sdegno dell'uomo del tipo 'posso avere tutte le femmine che voglio;'

—Impossibilità di parlare, anche dopo l'esperienza, cioè un ambiente generale che metterebbe in pericolo il bambino per parlare con chiunque dell'esperienza.

Molto potrebbe essere cambiato se il lavoro sociale anti-abuso potesse basarsi su queste intuizioni di ricerca invece di continuare a strappare nella sporcizia certe forme di sessualità, come questa è la retorica pubblica comune nella cultura consumistica internazionale postmoderna di oggi.

L'attenzione è ovviamente sbagliata, come hanno dimostrato nei loro libri autori come Stevi Jackson, un'attivista femminista, e Alayne Yates, una psicologa infantile americana.

—See Stevi Jackson, Childhood and Sexuality (1982) and Alayne Yates, Sex Without Shame: Encouraging Your Child's Healthy Sexual Development (1978).

L'attenzione deve essere focalizzata sulla lotta contro la coercizione, la violenza e l'intrappolamento, non sulla sessualità, e la società occidentale dovrebbe alla fine imparare ad accettare tutte le forme di comportamento sessuale come attività umana non volgare, non nociva, non debordante e creativa. La sessualità, dopo tutto, è una forma di comunicazione, ed è un'attività sociale, non asociale.

Insieme al prudismo sessuale, ciò che la cultura occidentale fa in aggiunta è distorcere e pervertire la vita emotiva dei bambini praticamente dalla culla, e il mito freudiano del *Complesso di Edipo* ha contribuito a questa distorsione della naturale crescita psicosessuale del bambino.

I bambini non crescono attraverso l'essere partner surrogato codipendente dei loro genitori, eppure questo è esattamente ciò che la cultura attuale sta facendo con loro, imprigionandoli nella famiglia nucleare e privandoli di tutto il gruppo di persone pelose a cui sono stati finora esposti, quando ancora crescono nella famiglia allargata e anche una buona parte della giornata vivono per strada, senza essere costantemente monitorati e seguiti.

La struttura attuale genera virtualmente violenza, e questo su scala mondiale, perché il paradigma educativo occidentale è esportato in tutto il mondo all'interno della cultura del consumo globale.

CAPITOLO DUE

Lo Stampo Edipico

COSA SIGNIFICA 'COMPLESSO DI EDIPO?'

Sigmund Freud (1856-1939), neurologo austriaco e co-fondatore della scuola psicoanalitica di psicologia, credeva che la crescita psicosessuale avvenisse in tre fasi, la cosiddetta fase orale (da 0 a 2 anni), la fase anale (da 2 a 4 anni) e la fase genitale (da 4 a 7 anni), seguita dal periodo di latenza (da 7 a 11 anni) e dall'adolescenza (da 11 a 16 anni) e che il bambino attraversasse invariabilmente queste fasi.

—Ho semplificato troppo le fasce d'età per facilitarne la comprensione; in realtà il confine tra le fasi non è così netto. La maggior parte degli psicoanalisti, per esempio, lascia che la fase orale si concluda con l'età di 18 mesi del neonato, e la pone anche come fine ideale della simbiosi primaria con la madre. Inoltre, va visto che i bambini non sono automi e non seguono questi schemi alla lettera, il che vale soprattutto per i bambini molto dotati. È noto, per fare un esempio fuori contesto, che il defunto pianista Arthur Rubinstein non parlava prima dei tre anni, ma parlava contemporaneamente diverse lingue.

Inoltre, Freud sosteneva che l'assetto intrinseco della struttura del desiderio sessuale avveniva attraverso l'identificazione, soprattutto l'identificazione, durante la fase anale, con il genitore dello stesso sesso, che Freud chiamava *identificazione omosessuale* e la successiva *identificazione eterosessuale* con il genitore del sesso opposto, durante la fase genitale.

Quest'ultima ruota dentata nel processo psicosessuale di crescita sessuale è stata chiamata da Freud *Complesso di Edipo*.

Più specificamente Freud e la psicoanalisi successiva richiedono al bambino di liquidare con successo ogni fase o fissazione, e concludono che se un bambino non fosse in grado di fare tale liquidazione, l'energia sessuale si bloccherebbe nella particolare fase in cui lo sviluppo viene arrestato con strazianti conseguenze sulle abitudini sessuali.

Per esempio si sostiene che quando un bambino non riesce a liquidare il *Complesso di Edipo* sviluppando una forte relazione eterosessuale con il genitore del sesso opposto (senza tuttavia agire questa attrazione come incesto), allora è probabile che il bambino diventi omosessuale in seguito. Freud ha trovato questo prima per i ragazzi per quanto riguarda la loro madre, e più tardi lo ha aggiunto per il rapporto bambina-padre, che ha chiamato *Complesso di Elettra*.

IL COMPLESSO DI EDIPO È UNIVERSALE?

Credo che un certo numero di persone intelligenti e amanti dei bambini trovino un senso quando Freud ha affermato la natura sessuale di base del bambino e la sessualità infantile. Ma la mia domanda è se questa comprensione implica davvero che essi vedano e riconoscano la fondamentale negazione della cultura occidentale della complessità affettiva, emotiva e sessuale del bambino da parte della cultura occidentale?

Come genitore, permettere al proprio figlio di essere sessuale in una cultura che in realtà è contro quel tipo di libertà, è davvero una sfida; ecco perché solo quando i genitori capiscono il quadro completo, possono fare ciò che deve essere fatto. Se i genitori sono pignoli su questa questione, e sono timidi su questo punto, probabilmente questo non fa che peggiorare la situazione.

Quando ho iniziato la mia ricerca, onestamente non avevo idea che i bambini potessero avere una *vita sessuale autentica* nel senso di impegnarsi in un abbraccio penetrante, non solo nel senso di essere autoerotici attraverso la masturbazione o la masturbazione reciproca con un amico. Ho imparato questi fatti attraverso il lavoro antropologico sul campo, i rapporti etnologici pubblicati da Bronislaw Malinowski, Margaret Mead e altri, e attraverso la letteratura sull'infanzia alternativa e i bambini della controcultura.

—Vedi, per esempio, Bronislaw Malinowski, The Sexual Life of Savages in North West Melanesia (1929) e Sex and Repression in Savage Society (1927/1985), Margaret Mead, Sex and Temperament in Three Primitive Societies (1935), Susanne Cho, Kindheit und Sexualität im Wandel der Kulturgeschichte (1983), Larry L. & Joan M. Constantine, Treasures of the Island: Children in Alternative

Lifestyles (1976) e Where Are the Kids? (1977), V. Elwin, The Muria and their Ghotul (1947), Richard L. Currier, Juvenile Sexuality in Global Perspective, in : Children & Sex, New Findings, New Perspectives (1981), pp. 9 ff.

In assenza di questa conoscenza vitale e importante, la teoria di Freud secondo cui lo sviluppo psicosessuale dei bambini è un processo di identificazione libidica è stato per me un attraente surrogato della conoscenza reale!

Ed è una menzogna attraente, perché giustifica l'esistenza della santa famiglia consumistica con un bambino come clown di scena principale che viene usato e abusato con il pretesto dei suoi bisogni 'infantili'—mentre la realtà è che questo costrutto psicologico serve piuttosto ai bisogni dei genitori per la sicurezza emotiva e la santificazione sociale e l'elusione, imposta dalla legge, della reale autonomia dei bambini attraverso una reale esperienza erotica con persone al di fuori della famiglia nucleare.

Il mito della 'sessualità infantile' è ovviamente una copertura riduzionista e pseudo-scientifica necessaria alla psicologia infantile tradizionale di oggi per continuare ad accecare il fatto che il bambino è un essere umano completo fin dalla nascita! Si potrebbe giustamente definire la mitologia del sesso infantile! Freud era l'avatar di quello che poi è diventato, e lo è ancora oggi, il paradigma principale della psicologia infantile e dell'educazione.

Una delle insidie del nostro moderno sistema educativo è l'esclusione e l'accecamento sociale dai parametri che servono a costruire l'identità attraverso la conoscenza di sé, la conoscenza intuitiva o interiore, la conoscenza paranormale, la conoscenza pre-vita e l'esperienza relazionale. L'identità che si dice essere l'unico stampo possibile secondo la psichiatria tradizionale occidentale è un'identità derivata, non una vera e propria identità. Essa deriva dalle identità dei genitori.

Per un ragazzo, ad esempio, il processo sarà l'identificazione con il padre, come identificazione omosessuale primaria, durante la fase anale e l'identificazione con la madre, come identificazione eterosessuale secondaria durante la fase genitale. La vera identità si costruisce, secondo questo sistema, quando il ragazzo ha liquidato con successo il *Complesso di Edipo* avendo sviluppato abbastanza aggressività contro il padre e abbastanza castrazione del suo desiderio incestuoso verso la madre allo stesso tempo.

Che questo sistema sia costruito sulla tomba della sessualità infantile, nel senso di attività sessuale bambino-bambino è chiaro fin dall'inizio. Era chiaro a Freud, ma egli pensava che un cedimento più profondo al nucleo delle leggi della natura avrebbe gettato la borghesia occidentale nel caos.

Ho rivisto criticamente la teoria di Freud sulla sessualità infantile e sono giunto alla conclusione che lo schema di Freud è chiaramente dannoso per l'autonomia costruttiva del bambino, mantenendo il bambino consumatore in una dipendenza pseudo-fusionale dai genitori, creando così codipendenza e perversione, e una falsa eterosessualità, con pulsioni secondarie che vengono prodotte impedendo con forza al bambino di vivere la sua naturale attrazione emosessuale verso i coetanei.

Il mio risveglio non era venuto dalla psicologia, ma dal lato dell'antropologia e dalle intuizioni che ho avuto attraverso i miei studi sul campo energetico umano, sulla funzionalità energetica dell'organismo e sulla natura della bioenergia.

—Vedi Peter Fritz Walter, The Energy Nature of Human Emotions and Sexual Attraction: A Systemic Analysis of Emotional Identity in the Human Sexual Response, 2015/2017.

È stato innanzitutto attraverso le scoperte antropologiche di Bronislaw Malinowski e Margaret Mead e le loro osservazioni sulla sessualità infantile biologicamente sana con la cultura melanesiana trobrianda e altre culture tribali che hanno portato a un cambiamento nel mio punto di vista sulla sessualità infantile.

Abbiamo due modi per creare una nuova realtà, in cui la società, riconoscendo la complessità affettiva, emotiva e sessuale del bambino e l'elevata carica bioenergetica, crea nuove e complete forme di educazione infantile:

> ▸ confinando il bambino in un triangolo edipico all'interno della famiglia nucleare, privandolo di relazioni erotiche non incestuose, e quindi crescendo artificialmente il suo erotismo gerontofilo, proiettando questo erotismo esclusivamente sui genitori, e creando a sua volta un

forte conflitto all'interno dell'assetto psicosomatico del bambino; oppure

▸ trasformando la cultura tradizionale e concedendo ai bambini il proprio dominio di intimità, al di fuori dell'abbraccio del genitore, permettendo loro di vivere in libertà la loro complessità affettiva, emotiva e sessuale, aiutandoli così a costruire una vera autonomia e fiducia in se stessi.

La prima alternativa porta al bambino consumatore. La seconda alternativa porta ad un umano completo.

In sintesi, Sigmund Freud ha contribuito in modo significativo a consolidare quella che io chiamo *Cultura Edipica*, a tal punto da aver preparato il sottile terreno ideologico per la cultura internazionale postmoderna del consumo. Freud ha contribuito in modo meno significativo ad aiutare il bambino moderno a consolidare la sua naturale ricerca di autonomia e di fiducia in se stesso, e il suo diritto di nascita per un regno di intimità inosservato, al di fuori dell'abbraccio genitoriale ed educativo giovialmente persecutorio, se non per essere tenuto lontano dal regime della scuola materna dei pupazzi schiavi ai loro genitori ed educatori culturalmente perversi e schizoidi.

CRITICA DELLA TEORIA

Presento qui la mia critica alla teoria di Freud sul *Complesso di Edipo* in otto punti distinti.

VALIDITÀ LIMITATA

Lo schema freudiano della 'sessualità infantile' è valido solo se mai valido per le culture in cui le relazioni erotiche bambino-bambino sono vietate e strutturalmente compromesse, cioè per la cultura patriarcale e la cultura consumistica internazionale postmoderna come successore, in una nuova veste, della struttura sociale patriarcale.

CONDIZIONAMENTO CULTURALE VERSO L'OMOSESSUALITÀ

Lo schema freudiano rappresenta la perversione sistematica del bambino e implica il condizionamento culturale verso l'omosessualità perché l'identificazione non è il modo naturale per il bambino di costruire la sua struttura pulsionale, e di individuare, ma un modo culturalmente condizionato, ed è per questo che chiamo questa cultura anche *Cultura Eroica,* che implica che il bambino viene plasmato dopo che i genitori lo hanno preso come stampo culturale standard, e non in relazione alla propria specifica struttura dell'anima, e al proprio assetto emotivo.

Una Struttura di Base Psicosessuale Distorta

Costruire l'attrazione omosessuale prima di costruire l'attrazione eterosessuale non è il modo in cui la natura costruisce la nostra struttura psicosessuale, ma è una pura proiezione sulla natura. I bambini piccoli sono eroticamente attratti dalle loro madri e le ragazze dai loro padri, e non omosessualmente dai loro genitori dello stesso sesso. Questo è così fin dalla nascita, non solo a partire dai quattro o cinque anni di età, come ipotizza il mito freudiano. Quando, come spesso accade nelle culture patriarcali, i bambini sono ben fissati omosessualmente con i genitori dello stesso sesso e si rifiutano di aprirsi ad abbracciare il genitore del sesso opposto, mostrando ansia di fronte a qualsiasi cosa di erotico, è così perché il bambino è narcisista e nevrotico. Inutile aggiungere che il bambino nevrotico non è naturalmente il figlio naturale; quando questo accade, ha una ragione, come non accade con i bambini che sono educati con amore.

L'ho visto personalmente più e più volte con bambini il cui genitore dello stesso sesso dà solo amore condizionato, e dove i bambini mancano di costanza emotiva e di sicurezza con i loro genitori, o addirittura crescono in famiglie dirompenti e disfunzionali.

Vista Meccanicistica Della Sessualità

La filosofia di vita professionale e privata di Freud era patriarcale e allo stesso tempo materialistica e meccanicistica. Aveva scartato dalla sua vita ogni spiritualità, così come la sua malinconica tradizione ebraica, e la maggior parte delle sue teorie sfidano le intuizioni e le verità veramente spirituali. L'essenza stessa di una visione olistica del mondo, che vede le connessioni nascoste, era estranea a Freud. Questo è stato uno dei motivi per cui la sua vita relazionale è stata piena di lotte e di sconvolgimenti, e si è conclusa con molte separazioni dolorose e conflitti personali.

Si può dire, *cum grano salis,* che Freud fu abbandonato più tardi nella sua vita da tutti i suoi veri amici, che fu uno degli elementi dell'eziologia della sua atrocemente dolorosa morte per cancro alla mascella.

Quando si considera che si parla di amore, e di attrazione erotica, quando si parla della crescita psicosessuale del bambino, denota confusione scegliere Freud come autorità in materia. Non lo era. Il fatto che le teorie di Freud siano seguite pedissequamente fino ad oggi ha motivazioni politiche, e non è in alcun modo da attribuire ad una sua reale intuizione. Infatti, le teorie psicosessuali di Freud sono la giustificazione ideologica di base per la schiavitù del bambino consumatore, con tutto ciò che risulta da questa perversione culturale.

La Natura Favorisce la Copulazione, Non la Masturbazione

Freud ha trascurato non solo la sessualità femminile, come giustamente sostiene il movimento femminista, ma ha anche trascurato il fatto che il bambino piccolo *non è un maniaco autoerotico* e masturbatore seriale quando gli viene permesso di avere rapporti completi con altri bambini. Freud ha ignorato i veri e propri processi naturali di crescita emotiva e sessuale nei bambini, come ampiamente dimostrato da culture non patriarcali in cui i bambini godono di piena libertà sessuale fin dalla prima infanzia. In queste culture, i bambini si impegnano in relazioni sessuali tra pari che sono tollerate e incoraggiate, ma non sono interferite da adulti tutelari, come dimostrano le ampie ricerche di Bronislaw Malinowski, Margaret Mead e Wilhelm Reich, e molti altri.

> —Vedi Bronislaw Malinowski, Crime and Custom in Savage Society (1926), Sex and Repression in Savage Society (1927), The Sexual Life of Savages in North West Melanesia (1929), Margaret Mead, Sex and Temperament in Three Primitive Societies (1935), Floyd M. Martinson, Infant and Child Sexuality (1973), The Quality of Adolescent Experiences (1974), The Sex Education of Young Children, in: Lorna Brown (Ed.), Sex Education in the Eighties (1981), The Sexual Life of Children (1994), Children and Sex, Part II: Childhood Sexuality, in: Bullough & Bullough, Human Sexuality (1994), and Wilhelm Reich, Children of the Future (1950).

La 'Famiglia Edipica' Genera la Perversione, non la Sanità Mentale

Il sistema di Freud riflette le strutture di potere della società patriarcale; egli ha solo messo dei nomi su cose che già esistevano. In effetti, l'odierna società globale dei consumi è impensabile senza il dogma condizionante del *Complesso di Edipo*, la conseguente codipendenza genitore-figlio e la confusione che ne deriva nella mente del bambino. In realtà, quando le naturali relazioni tra pari sono vietate al bambino e perché l'autonomia e le capacità di auto-pensiero del bambino sono sostituite in larga misura da un condizionamento del consumatore conforme al sistema, la strada è aperta alla dipendenza totale sotto forma di consumo non permanente. Il risultato è il bambino consumatore perverso, e il cosiddetto cittadino, che si basano entrambi sul massacro del figlio primordiale originario che era naturalmente eterosessuale—e più in generale, *sessuale* in primo luogo.

LA TEORIA EDIPICA È LA PSEUDO-SCIENZA

La teoria del neonato *polimorfo perverso* che fu eretta da Freud è il risultato della tradizione della scienza meccanicistica sulla falsariga di Jean-Jacques Rousseau, La Mettrie, Barone d'Holbach, René Descartes e altri, che consideravano l'uomo come una macchina e i neonati come una *tabula rasa.* Mentre questa visione oggi è scientificamente superata e mentre sappiamo che i neonati nascono con un'eredità completa di precedenti incarnazioni e conseguenti impronte nell'anima, la moderna psicologia infantile positivista non ha ancora fatto il necessario passaggio da una pseudo-scienza meccanicistica cieca e altamente dottrinaria a una vera e propria scienza olistica della bioenergia.

Ho creato questa scienza e la chiamo *Emonia (Emotional Identity Code Science).* L'emonia presuppone che la nostra identità emotiva sia un'impronta dell'anima, che è il progetto della nostra individualità successiva. Essa presuppone anche che tutto nella vita sia una funzione del campo energetico umano o del vuoto quantico. La sessualità non è altro che energia vitale che fluisce e ha poco a che fare con i presupposti meccanicistici ignoranti della sessuologia e della psicologia dottrinaria e con la psicoanalisi mitica proiettata su di essa.

—Vedi Peter Fritz Walter, The Energy Nature of Human Emotions and Sexual Attraction: A Systemic Analysis of Emotional Identity in the Process of the Human Sexual Response (2015/2017).

REALTÀ EDIPICA SIGNIFICA SCHIAVITÙ CULTURALE

I genitori responsabili allevano i loro figli in totale opposizione a Freud e alla schiavitù culturale che le sue teorie e le strutture di potere della società patriarcale richiedono, e danno ai loro figli ampie possibilità di relazioni tra pari, emotive e sessuali, interferendo il meno possibile nella vita amorosa dei loro figli, il che include l'evitare sia l'incesto emotivo che quello sessuale, incoraggiando al tempo stesso il bambino a proiettare la sua libido su figure al di fuori dell'ambito familiare.

CULTURA EDIPICA

CASTRAZIONE O PERMISSIVISMO?

La mia critica alla *Cultura Edipica* si intreccia indissolubilmente con la mia critica al concetto 'culturale' di psicoanalisi di Sigmund Freud, e qui soprattutto con la mia revisione della sua teoria del *Complesso di Edipo*.

Molti giovani genitori credono che la psicoanalisi abbia contribuito alla liberazione del bambino; tendono a pensare che sia stata un'annata professionale di permissivismo, o una variante dell'edu-cazione permissiva. Nulla potrebbe essere più lontano dalla verità. La psicoanalisi freudiana, applicata ai bambini non è permissiva, è *normativa*; è in realtà uno strumento per forgiare il bambino consumatore ideale all'interno di una cultura consumistica basata sul consumo ordinato. Come tale, è un pilastro ideologico per il funzionamento di una società che, per necessità economica, ha bisogno di reprimere il piacere naturale perché lo sostituisce con il piacere consumistico.

La psicoanalisi non è affatto permissiva. Si può dimostrare statisticamente che la parola più usata nelle pubblicazioni psicoanalitiche è la parola *castrazione*.

Castrazione è un termine molto violento che suggerisce il taglio dell'organo sessuale maschile o l'infibulazione dell'organo sessuale femminile, quest'ultimo spesso chiamato anche clitoridectomia. Mentre la psicoanalisi suggerisce di usare un vocabolario mitico o metaforico, questo vocabolario diventa stranamente reale quando va a prendere una misura che influisce sul destino a lungo termine di un bambino o di una famiglia. Scartando i bambini che vengono giudicati come delinquenti sessuali o delinquenti sociali, la psicoanalisi esercita il suo pieno potere sociale in quanto può mettere in prigione le persone, non solo gli adulti, ma anche i bambini. Le carceri dei bambini sono chiamate *centri di riabilitazione educativa,* ma i loro principi regolatori sono gli stessi di quelli delle carceri per adulti, con la differenza però che nelle carceri per bambini fino ad oggi non vengono applicati i principi costituzionali, mentre questi principi sono ben presenti nelle carceri per adulti.

Questo dimostra, più di ogni altra cosa, il vero atteggiamento della *Cultura Edipica* nei confronti dei bambini, in quanto mostra il volto del diavolo di questa materia chiamata *protezione dei bambini.*

I Bambini Che Si Masturbano Sono Cittadini Migliori?

Françoise Dolto (1908-1988), terapista e psicoanalista francese per l'infanzia, era molto schietta sui benefici della masturbazione, ma io dico che non siamo destinati a masturbarci, ma a copulare ed abbracciare amorevolmente gli altri.

Non siamo ambientati nel mondo per impegnarci in un'autosoddisfazione erotica senza fine, ma per usare il nostro naturale desiderio erotico per *costruire relazioni*. In questo senso, la sessualità è sociale, un fattore sociale e un comportamento sociale. Quindi, le persone che sono sessuali sono più sociali di quelle che reprimono i loro desideri sessuali.

Lo sviluppo del bambino, nel suo complesso, oggi inganna astutamente questo fatto e lo relega alla masturbazione eterna in nome del proprio meglio. I bambini sono incoraggiati a sviluppare l'abitudine alla masturbazione, invece di imparare a fare l'amore con un altro essere umano, che è la vera, e naturale, forma di amorevole abbraccio sessuale. Che paradigma scisso è questo! Il bambino è incoraggiato ad essere autoerotico, il che significa *narcisistico*, e a sviluppare fissazioni erotiche sui propri genitori, ma violentemente, con tutto il potere di polizia della società moderna, evitando di impegnarsi in ciò che è più naturale: abbracciare gli altri con amore, altri che non sono oggetti incestuosi, e quindi coetanei di bambini e adulti diversi dai loro genitori.

Scusate, credo che il paradigma dell'educazione occidentale, qualunque cosa Dolto e altri abbiano avuto e abbiano da dire a riguardo, sia *perverso*, perché mette davvero la vita sottosopra in nome della cultura, della moralità o di qualsiasi altro falso argomento. Dolto incoraggia i professionisti a prendere nota della sessualità del bambino per servirlo meglio, ma che aspetto ha questo servizio in fondo alla strada? Trasformare i bambini amorevoli in masturbatori egoisti e incestuosamente fissati psicopatici?

I problemi organici funzionali dei bambini che lei menziona nei suoi libri sono spesso il risultato di divieti d'amore, non divieti di masturbarsi, ma divieti di avere relazioni amorose reali al di fuori della famiglia, e di avere la libertà di base per costruire tali relazioni d'amore in primo luogo. Si veda la seguente citazione da *Psychanalyse et Pédiatrie (1971)*:

> Tutti coloro che studiano i problemi comportamentali, i problemi organici funzionali, gli educatori, i medici nel vero senso del termine, devono avere nozioni sul ruolo della vita libidica e sapere che l'educazione sessuale è il grano per l'adattamento sociale dell'individuo. (Id., 63, Traduzione mia)

Naturalmente è vero quello che dice Dolto sugli effetti negativi del *divieto di masturbazione*. Ma il trucco è che l'argomentazione inversa non è di per sé corretta. Permettere la masturbazione non significa dare al bambino una vera libertà per amore. Questo è l'errore logico qui, ed è qui che la società imbroglia il bambino e argomenta da una posizione irrazionale e mistica che non è di fatto verificabile. L'esempio prototipo di questo misticismo è quello in cui la società o la psicoanalisi—e qui coincidono amorevolmente nel loro sculacciare il bambino consumatore—parlano della pedofilia quando la questione non è dare ai pedofili il loro diritto, ma dare ai bambini il loro diritto di amare gli adulti. Sono due cose diverse, fate quello che volete, ma vengono gettate in un unico vaso e giudicate come una sola e stessa cosa. Qui è esattamente dove inizia la scia di menzogne. Dolto scrive:

> Proibire al bambino di masturbarsi e la curiosità sessuale significa costringerlo a prestare inutilmente attenzione alle attività che normalmente, prima della pubertà, sono inconsce o preconcette. (...) Sviluppare la coscienza prematuramente in un'atmosfera di senso di colpa fa un grande danno allo sviluppo del bambino perché lo priva dei modi di

usare le sue energie vitali (libido) che sono insite in quelle attività spontanee. I bambini psichicamente sani che hanno padroneggiato la fase genitale sono allenati al gabinetto, aggraziati nel loro corpo e abili con le mani, parlano bene, ascoltano e osservano molto, amano imitare ciò che vedono fare gli altri, fanno domande e si aspettano risposte vere, e quando non le ricevono, cominciano a inventare magiche spiegazioni. (Id., 66, Traduzione mia)

La verità è che la masturbazione normale non affatica affatto il bambino, ma placa la tensione vitale fallica di cui dà ampia evidenza alle sue erezioni. La masturbazione fornisce al bambino un rilassamento fisiologico e affettivo che non eguaglia in intensità l'orgasmo di un adulto in quanto non c'è eiaculazione (...) (Id., 70, Traduzione mia)

Il Dogma del Bambino Consumatore Autoerotico

Va da sé che per chi è contrario a tutte le espressioni dell'erotismo infantile, le idee di Dolto sulla masturbazione infantile devono suonare un po' progressiste o permissive. Ma dallo sfondo del quadro più ampio che sto cercando di dipingere qui, la masturbazione, anche se è buona naturalmente e mentre molti bambini ne hanno bisogno solo per liberarsi della loro carica bioenergetica in eccesso, non è la vera cosa di cui il bambino ha bisogno e che chiede. Per ripeterlo, siamo nati per imparare a copulare, non a masturbarci, e ciò che i bambini dovrebbero imparare invece di diventare orgogliosi masturbatori è diventare partner umili in un vero abbraccio sessuale dove l'impostazione e l'ambientazione sono corrette, e dove c'è rispetto reciproco, dignità, amore e accettazione.

Dire questo, scusatemi, non è una scusa per la pedofilia, in quanto una tale politica sociale, una volta attuata, porterebbe naturalmente, come nella maggior parte delle culture autoctone, a rapporti sessuali tra i bambini.

Se un numero casuale di bambini sceglie dei compagni adulti, questo deve essere rispettato, perché ci può essere un solo risultato quando diamo al bambino il diritto di scegliere liberamente il rapporto. Se i bambini sono liberi di scegliere i loro compagni, devono poter avere anche partner adulti. Ciò non implica un'implementazione legale della pedofilia come nuovo paradigma sociale e giuridico, lasciatemi essere esplicito su questo!

Tuttavia, ciò implica che non vi è alcuna punizione penale per gli adulti che hanno rapporti sessuali con bambini consenzienti. Ma, come è nella nostra cultura, la resistenza di base contro i bambini come esseri erotici non è nemmeno l'interazione sessuale bambino-adulto, ma ancor più l'interazione sessuale bambino-bambino. Secondo la teoria della conservazione culturale di Freud, ammettere e sostenere i rapporti sessuali tra bambini e ragazzi è contro l'impostazione della nostra cultura.

Questa posizione dogmatica di Freud è documentata e ha portato ad una serie di conflitti con i suoi studenti. È stato il motivo principale per cui Wilhelm Reich ha preso le distanze da Freud, dopo che quest'ultimo ha detto, a proposito dell'attivismo del Reich per la liberazione sessuale dei bambini, 'La cultura deve prevalere!'

Françoise Dolto, quando l'ho intervistata nel 1986 a Parigi, l'ho messa in questi termini:

> È vero che Freud era normativo in materia. Ma perché no? Il compito della psicoanalisi non è quello di provocare una rivoluzione sociale o di cambiare il paradigma culturale. Siamo qui come psicoanalisti per curare la nevrosi, nel caso individuale, che deriva dalla repressione culturale della sessualità del bambino. Questo è il nostro compito, né più né meno. Freud l'ha vista allo stesso modo. (Citato dalla memoria. Traduzione mia.)

Orde di schiavi-psicoanalisti seguono il loro padrone in questo più grande mito di tutti i miti che Freud ha creato con la sua dottrina del *Complesso di Edipo*. Può essere contro la nostra tradizione accettare alla fine la piena libertà sessuale del bambino, ma ogni cultura può cambiare, e solo quando è in continuo cambiamento, è viva. Una cultura che non cambia mai è una cultura morta, e una cultura morta è una non-cultura.

In verità, quello che Freud qui ha ordinato come una sorta di imperativo culturale era un ordine di sostenere il patriarcato, quindi non era quello psicoanalista progressista amante dei bambini che la storia ha fatto di lui, ma un reazionario! E la sua dottrina, quindi, è una ricetta per la nevrosi culturale e la stagnazione, non per il progresso culturale.

Il consiglio che Françoise Dolto dà ai genitori per il bambino che si trova a masturbarsi spesso è altrettanto ambiguo, e sospettosamente sulla linea del ragionamento culturale di Freud.

Sostiene che un bambino di questo tipo dovrebbe essere iniziato. E fino a qui sono d'accordo. Ma continua a dire che un bambino di questo tipo deve essere iniziato ad attività superiori, che richiedono un livello mentale più alto di quello solitamente riservato ai bambini di quell'età.

> Quando vedi un bambino che si masturba spesso, un bambino normale, puoi essere certo che è un bambino dotato che dovrebbe essere iniziato ad attività superiori, che richiedono un livello mentale più alto di quelle solitamente riservate ai bambini di quell'età. Ma ancora più spesso si tratta di un bambino nevrotico per il quale la masturbazione è diventata un'abitudine ossessiva. Un tale bambino deve ricevere un trattamento, non una punizione. Intimidire il bambino, o addirittura proibire la masturbazione, ne compromette lo sviluppo; nel caso in cui il bambino obbedisca al divieto, diventerà ottuso e insensibile, e se non obbedisce diventerà instabile, arrabbiato, indisciplinato e rivoltoso. Né l'una né l'altra di queste due cose è destinata ad essere provocata dagli adulti che reagiscono in quel modo; ma questo è ciò che gli adulti stanno facendo ai bambini, senza sapere cosa stanno facendo. (Psych-analyse et Pédiatrie (1971), 74. Traduzione mia.)

RAFFORZAMENTO INTELLETTUALE PER
BAMBINI SESSUALMENTE ESIGENTI

Ciò significa che un bambino che desidera una realizzazione sessuale più forte di quella della masturbazione deve ricevere una spinta del suo intelletto. Questo è davvero dare una pera a un bambino che chiede una mela. Ciò che un bambino di questo tipo vuole naturalmente è essere iniziato alla copulazione amorosa, perché nella masturbazione, come mostra chiaramente la mia ricerca nel campo dell'energia vitale, il livello di energia è ben portato ad un nuovo equilibrio attraverso l'orgasmo, ma non è tutto quello che c'è nell'amore sessuale.

Ciò che forse è ancora più essenziale dell'abreazione sessuale è l'esperienza tattile di due corpi nudi che si avvicinano nell'eccitazione per un po' di tempo, che si traduce in uno scambio ad alto livello di bioelettricità e flusso emotivo che è come alimentare le nostre batterie interne, rafforzare il nostro sistema immunitario e lavorare contro il processo di invecchiamento. Da questo quadro più ampio che ho cercato di dipingere qui, la finta rivoluzione della cosiddetta sessualità infantile suona come un brutto scherzo, se non fosse un brutto trucco, e in realtà una grande menzogna e una vera e propria schiavitù del bambino in nome di una cultura morta che sa solo consumare e possedere, e di conseguenza, conquistare e stuprare, ma non vivere e amare e abbracciare rispettosamente.

Naturalmente, ciò che Dolto ragiona qui sullo sviluppo della mente razionale è tutto vero; è la genitalità che porta alla mente oggettiva. Ma la nostra società non è un gruppo di individui sviluppati dal punto di vista genitale, ed è per questo che è così profondamente irrazionale e mistica, e così poco responsabile. La nostra società è una società di fabulatori fissati analmente che sono presi nella trappola del misticismo che chiamano, nella loro follia, psicoanalisi.

Prendere una scienza ideologica e un sistema di protezione della cultura come la psicoanalisi per la verità ultima sulla vita o sull'infanzia è la più grande follia di cui abbia mai sentito parlare nella mia vita. Quello che Dolto dice nelle seguenti citazioni vale ancora di più per le vere culture genitali come le isole Trobriand, dove i bambini imparano a copulare fin da piccoli e non, come nella nostra cultura, a diventare virtuosi masturbatori e piacevoli cuscini notturni per i loro genitori emotivamente frustrati. La differenza è che non hanno bisogno dell'intero costrutto edipico, con la sua deviazione per arrivare alla genitalità e all'eterosessualità attraverso l'omosessualità, semplicemente perché danno una vera libertà ai loro figli, e una vera sessualità, non una forma perversa di essa. Ed è per questo che il risultato è la vera eterosessualità, e non, come nella nostra cultura, la finta eterosessualità.

> È solo *dopo la liquidazione dell'Edipo* che il pensiero può essere messo al servizio della cosiddetta sessualità altruista, il che significa che la ricerca di soddisfazioni narcisistiche deve essere stata superata, senza però invalidare tali soddisfazioni. Nello stato genitale, il pensiero è caratterizzato da buon senso, prudenza e osservazione oggettiva. È quello che chiamiamo pensiero razionale. (Id., 54, Traduzione mia.)

Qualificazione della Castrazione Edipica Come Abuso Su Minori?

La mia critica a Dolto, visto che sono stato in buoni rapporti con lei e ho scambiato con lei durante i due anni dal 1986 alla sua morte nel 1988, può sembrare strana ed esagerata, ma non è in alcun modo diretta contro di lei personalmente. Parlo della perversità di tutta la psicoanalisi, di tutto il teatro e la commedia che rappresenta, dei grotteschi scenari familiari che progetta e mette in scena, e di tutta l'astrusa visione del mondo che incarna.

Ciò che Dolto spiega nelle citazioni che seguono è certamente vero, tristemente vero, in quanto mostra esattamente il lato oscuro dell'intero costrutto edipico, e ciò che risulta quando il ragazzo non riesce a 'liquidare il suo Edipo,' come lo esprimono gli psicoanalisti. E sì, il problema è più stringente con i ragazzi che con le ragazze, per ragioni che ancora non comprendiamo appieno, ma è stato sostenuto da molti psicologi che gli uomini sono in genere più fragili psichicamente delle donne.

> Ci sono ragazzi che rimangono amorevolmente fissati con le loro madri; il loro comportamento è caratterizzato dal fatto che non tentano di 'sedurre' nessun'altra donna. Se il padre è vivo, i due uomini litigano continuamente, perché il fatto che il ragazzo non si distacchi dalla madre e cerchi altri oggetti d'amore e di sesso dimostra che il ragazzo non ha liquidato—in un'amicizia di uguaglianza con il padre—la sua omosessualità pre-edipica. Si preparerà quindi a mettersi 'nei guai' con il padre attraverso il suo comportamento difficile e provocatorio. (Id., 88, Traduzione mia.)

> Quando il padre se ne è andato e il ragazzo si 'dedica' alla madre, questo comportamento può essere accompagnato da vere e proprie sublimazioni sociali, che si associano alle attività derivanti dalla repressione della sessualità genitale e procreativa, ma questo ragazzo non può comportarsi sessualmente e affettivamente come un adulto. Soffre di sentimenti

> di inferiorità nei confronti degli uomini che incon-
> sciamente si identifica con il padre; può anche es-
> sere un iper-genitale che è sempre avido di trovare
> nuovi partner sessuali verso i quali non costruirà
> mai un vero e proprio attaccamento, ma si mostrerà
> impotente nei rapporti con qualsiasi donna che ama
> veramente, perché questo è associato nel suo incon-
> scio all'oggetto tabù incestuoso. (Id., 88-89,
> Traduzione mia.)

> È così che il superego del ragazzo diventa molto
> presto rigido (...); la ragione di ciò è la necessità di
> reprimere il desiderio eterosessuale nella 'sfera ma-
> terna' (Id., 89, Traduzione mia.)

La fissazione simbiotica su un genitore, soprattutto sulla madre, al di là della naturale simbiosi
madre-figlio, e quindi dopo i 18 mesi di età del
neonato, è patologica e comporta una netta
riduzione dell'intelligenza a causa dell'intreccio
delle energie vitali del genitore e del bambino.
Questo è particolarmente vero, come sottolinea
Dolto, nel rapporto madre-figlio, e molto meno nel
rapporto padre-figlia, perché la madre-matrice ha
naturalmente un maggiore potere di attrazione per
il bambino rispetto al padre-figlio.

Quando le madri non incoraggiano i loro figli a
sviluppare l'autonomia, sono sulla strada migliore
per imprigionare i loro figli in una *codipendenza* in

cui il genitore è il vincitore e il figlio il perdente, e dove il bambino, nella maggior parte dei casi senza che il genitore e il figlio ne siano realmente consapevoli, diventa il surrogato del genitore. Mentre questo accoppiamento nella maggior parte dei casi non è sessuale, le conseguenze della codipendenza madre-figlio sono devastanti.

Parlo di *abuso emotivo* nei casi in cui il genitore ha ricevuto chiari segnali dal bambino per la concessione di maggiore libertà e autonomia, ma ripetutamente non si conforma a questa richiesta, o addirittura taglia o proibisce attivamente l'amore e le relazioni erotiche del bambino con persone esterne alla famiglia, qualunque sia la loro età.

Infine, non sorprende che Dolto giudichi categoricamente il comportamento perverso e la delinquenza sociale come il risultato di un Edipo non liquidato o non ancora liquidato.

> I comportamenti perversi o i delinquenti sociali, entrambi sono il risultato di un Edipo non liquidato, o non ancora liquidato. (Id., 130, Traduzione mia.)

RAZIONALITÀ CONTRO IL MISTICISMO EDIPICO

L'atteggiamento giudicante della psicoanalisi non è sorprendente; mostra quanto sia devastante il costrutto edipico, insieme a tutta l'erbaccia culturale che è cresciuta intorno ad esso. Questa intuizione, che è condivisa dalla maggior parte degli psicoanalisti e degli psichiatri, non è la vera bomba; la vera bomba è il fatto che la nostra società tollera le sciocchezze psichiatriche che pervertono i nostri figli in potenziali autori violenti, usando un costrutto per la crescita psicosessuale dei nostri figli che è anti-vita, disfunzionale, pericoloso e innaturale.

Ci deve essere un risveglio un giorno; forse si vuole creare un movimento simile *all'Antipsichiatria* in quanto svela chiaramente l'utilitarismo sociale del paradigma dello sviluppo infantile della *Cultura Edipica*, perché ciò che crea non è salute psichica e cittadini responsabili, ma storpi emotivi e sessuali e un'orda di anarchici silenziosi che, mentre si esprimono a parole a favore dell'ordine e della moralità, sono in realtà barbari stupratori incivili perché non hanno mai imparato a copulare e abbracciare un altro innamorato quando erano giovani e ancora aperti all'apprendimento sessuale.

Le moderne ricerche sugli stupri hanno dimostrato che gli stupratori sono individui altamente inesperti dal punto di vista sessuale che favoriscono nella maggior parte dei casi una visione del mondo altamente repressiva e moralistica. Queste persone non soffrono di troppo, ma di *troppo poco permissivismo* e di un superego gonfiato, e di solito appoggiano la violenza educativa. Inoltre è stato dimostrato che sono ostili al tatto sano e premuroso e soffrono di una vera e propria privazione tattile. È per questo motivo che è corretto quando i ricercatori sulle radici della violenza, come il Dott. James W. Prescott, suggeriscono di trattare gli autori di reati sessuali con permissività sessuale, concedendo loro rilassamento, massaggi, psicoterapia e frequenti abbracci sessuali amorosi.

—Vedi, per esempio, James W. Prescott, Body Pleasure and the Origins of Violence (1975) and Deprivation of Physical Affection as a Primary Process in the Development of Physical Violence, A Comparative and Cross-Cultural Perspective, in: David G. Gil, ed., Child Abuse and Violence (1979), pp. 77, 78.

Dal punto di vista della politica sociale, dobbiamo concludere che è proprio questa negazione della vera sessualità infantile sotto forma di un coinvolgimento attivo dei bambini nelle relazioni amorose al di fuori della famiglia che rende la nostra cultura così palesemente falsa, moralmente corrotta, violenta e distruttiva. E quello che si ricava dal pulpito della psicoanalisi non è altro che rifiuto e negazione, una falsa, gioviale e sorridente pseudo-permissività che è un vero e proprio tradimento del bambino, insieme alle lezioni cattedrali di un superego patriarcale esploso incarnato in donne come Dolto, che 'dicono la cruda verità in tutti i modi,' per parafrasare Emerson. Solo che, contrariamente a quella di Emerson, questa verità non libera, ma incatena i nostri figli in più codipendenza, più intreccio emotivo e abuso e più ideologie fasciste omicide a venire da questo terreno di una struttura di base psicosessuale profondamente perversa, che è il fondamento marcio della nostra cultura.

EROE EDIPO

Eroe Edipo è un termine che ho forgiato per un individuo, di solito di sesso maschile, che soffre di una patologia specifica che deriva da una combinazione di complesso edipico irrisolto e di una fissazione narcisistica. A mio parere, la psichiatria moderna ha appena iniziato a identificare questo problema, e il mio approccio al delineamento scientifico e psicologico di questa patologia è quindi da considerarsi un lavoro pionieristico.

—Vedi Peter Fritz Walter, Eroe Edipo: Il Lato Nascosta Della Gloria (Scholarly Articles, Vol. 20, Tradotto da Peter Fritz Walter), 2020.

Uso i termini *Cultura Edipica* o *Coscienza Edipica* come sinonimo di una serie di espressioni simili, in modo da denotare il complesso processo di negazione della verità sulla natura ciclica e legata al piacere della vita attraverso la repressione della vitalità del bambino. Wilhelm Reich scrisse in *Ether, God and Devil (1949/1972)*:

> L'organismo non blindato non conosce l'impulso di violentare e uccidere le bambine, né di trarre piacere dalla violenza. È quindi indifferente a tutte le regole morali che cercano di reprimere tali impulsi. Non può comprendere che uno ha rapporti sessuali

con un altro solo perché c'è un'opportunità per farlo, per esempio stare nella stessa stanza con una persona dell'altro sesso. Il personaggio corazzato, invece, non può immaginare una vita ordinata senza leggi coercitive contro lo stupro e l'omicidio per lussuria.

Mentre la vera ragione per reprimere la vitalità emotiva del bambino non viene quasi mai discussa nella cultura internazionale del consumo, l'alzarsi del velo dietro la cosiddetta moralità era un forte dominio della filosofia francese del dopo-rivoluzione.

La maggior parte delle persone nella moderna cultura del consumo crede che la ragione principale per inibire la sessualità libera del bambino abbia avuto a che fare con la moralità o con la preoccupazione di proteggere la naturale vulnerabilità del bambino. Questa ingenuità culturale e sociale contrasta fortemente con la prospettiva di altre culture, come quella francese o ispanica, e contraddice rigorosamente la filosofia di vita e d'amore della maggior parte delle culture tribali.

Storici sociali francesi come Michel Foucault e filosofi sociali come Gilles Deleuze hanno chiaramente dimostrato che le ragioni della castrazione emotiva del bambino sono da ricercarsi nell'assetto dell'economia di consumo occidentale.

—Vedi Michel Foucault, The History of Sexuality, Vol. I : The Will to Knowledge (1976/1998), The History of Sexuality, Vol. II : The Use of Pleasure (1984/1998), The History of Sexuality, Vol. III : The Care of Self (1984/1998) and Gilles Deleuze, Gilles & Felix Guattari, L'Anti-Oedipe: Capitalisme et Schizophrénie (1973).

Ha ragioni economiche, e non morali, per cui il bambino consumatore occidentale è relegato all'oralità forzata e privato della stimolazione tattile.

Gilles Deleuze e Felix Guattari, nella loro esposizione filosofica *Anti-Œdipe, Capitalismo & Schizofrenia,* si sono proposti di formulare una dettagliata critica filosofica, logica ed etica della teoria di Freud sul *Complesso di Edipo.*

Per illustrare il mio punto di vista, oggetto di diversi miei libri, vi fornirò qui alcune citazioni di questo importante trattato filosofico e psicoanalitico. Tutte le citazioni sono la mia traduzione dall'originale francese.

La gente spesso crede che con Edipo sia facile, e lo si può dare per scontato. Ma non è così: Edipo presuppone una straordinaria repressione delle macchine desideranti. E perché, e per quale motivo? (Id., 8)

L'imperialismo edipico richiede solo l'abbandono del realismo biologico? O qualcos'altro, infinitamente più potente, è stato sacrificato a Edipo? (Id., 63)

La natura non edipica della produzione del desiderio continua ad esistere, ma è allineata con le coordinate edipiche che la traducono in 'pre-edipica,' 'para-edipica' o 'quasi edipica,' ecc. (Id., 65)

BIBLIOGRAFIA

Bibliografia Contestuale

Ariès, Philippe

Centuries of Childhood
New York: Vintage Books, 1962

Arntz, William & Chasse, Betsy

What the Bleep Do We Know
20th Century Fox, 2005 (DVD)

Down The Rabbit Hole Quantum Edition
20th Century Fox, 2006 (3 DVD Set)

Covitz, Joel

Emotional Child Abuse
The Family Curse
Boston: Sigo Press, 1986

DeMause, Lloyd

The History of Childhood
New York, 1974

Foundations of Psychohistory
New York: Creative Roots, 1982

Diamond, Stephen A., May, Rollo

Anger, Madness, and the Daimonic
The Psychological Genesis of Violence, Evil and Creativity
New York: State University of New York Press, 1999

DiCarlo, Russell E. (Ed.)

Towards A New World View
Conversations at the Leading Edge
Erie, PA: Epic Publishing, 1996

Dolto, Françoise

La Cause des Enfants
Paris: Laffont, 1985

Psychanalyse et Pédiatrie
Paris: Seuil, 1971

Séminaire de Psychanalyse d'Enfants, 1
Paris: Seuil, 1982

Séminaire de Psychanalyse d'Enfants, 2
PARIS: SEUIL, 1985

Séminaire de Psychanalyse d'Enfants, 3
PARIS: SEUIL, 1988

L'évangile au risque de la psychanalyse
PARIS: SEUIL, 1980

EISLER, RIANE

The Chalice and the Blade
OUR HISTORY, OUR FUTURE
SAN FRANCISCO: HARPER & ROW, 1995

Sacred Pleasure: Sex, Myth and the Politics of the Body
NEW PATHS TO POWER AND LOVE
SAN FRANCISCO: HARPER & ROW, 1996

The Partnership Way
NEW TOOLS FOR LIVING AND LEARNING
WITH DAVID LOYE
BRANDON, VT: HOLISTIC EDUCATION PRESS, 1998

The Real Wealth of Nations
CREATING A CARING ECONOMICS
SAN FRANCISCO: BERRETT-KOEHLER PUBLISHERS, 2008

ELLIS, HAVELOCK

Sexual Inversion
REPUBLISHED
NEW YORK: UNIVERSITY PRESS OF THE PACIFIC, 2001
ORIGINALLY PUBLISHED IN 1897

The Sexual Impulse in Women
REPUBLISHED
NEW YORK: UNIVERSITY PRESS OF THE PACIFIC, 2001
ORIGINALLY PUBLISHED IN 1903

The Dance of Life
NEW YORK: GREENWOOD PRESS REPRINT EDITION, 1973
ORIGINALLY PUBLISHED IN 1923

ELWIN, V.

The Muria and their Ghotul
BOMBAY: OXFORD UNIVERSITY PRESS, 1947

ERICKSON, MILTON H.

My Voice Will Go With You
THE TEACHING TALES OF MILTON H. ERICKSON
BY SIDNEY ROSEN (ED.)
NEW YORK: NORTON & CO., 1991

Complete Works 1.0, CD-ROM
NEW YORK: MILTON H. ERICKSON FOUNDATION, 2001

FREUD, SIGMUND

The Interpretation of Dreams
NEW YORK: AVON, REISSUE EDITION, 1980
AND IN: THE STANDARD EDITION OF THE COMPLETE PSYCHOLOGICAL
WORKS OF SIGMUND FREUD , (24 VOLUMES) ED. BY JAMES STRACHEY
NEW YORK: W. W. NORTON & COMPANY, 1976

Totem and Taboo
NEW YORK: ROUTLEDGE, 1999
ORIGINALLY PUBLISHED IN 1913

FROMM, ERICH

The Anatomy of Human Destructiveness
NEW YORK: OWL BOOK, 1992
ORIGINALLY PUBLISHED IN 1973

Escape from Freedom
NEW YORK: OWL BOOKS, 1994
ORIGINALLY PUBLISHED IN 1941
TO HAVE OR TO BE
NEW YORK: CONTINUUM INTERNATIONAL PUBLISHING, 1996
ORIGINALLY PUBLISHED IN 1976

The Art of Loving
NEW YORK: HARPERPERENNIAL, 2000
ORIGINALLY PUBLISHED IN 1956

GOLEMAN, DANIEL

Emotional Intelligence
NEW YORK, BANTAM BOOKS, 1995

GORDON, ROSEMARY

Pedophilia: Normal and Abnormal
IN: KRAEMER, THE FORBIDDEN LOVE
LONDON, 1976

GOSWAMI, AMIT

The Self-Aware Universe
HOW CONSCIOUSNESS CREATES THE MATERIAL WORLD
NEW YORK: TARCHER/PUTNAM, 1995

GROTH, A. NICHOLAS

Men Who Rape
THE PSYCHOLOGY OF THE OFFENDER
NEW YORK: PERSEUS PUBLISHING, 1980

HAMEROFF, NEWBERG, WOOLF, BIERMAN

Consciousness
20 SCIENTISTS INTERVIEWED
DIRECTOR: GREGORY ALSBURY
5 DVD BOX SET, 540 MIN.
NEW YORK: ALSBURY FILMS, 2003

JAMES, WILLIAM

Writings 1902-1910
THE VARIETIES OF RELIGIOUS EXPERIENCE / PRAGMATISM / A PLURALISTIC UNIVERSE / THE MEANING OF TRUTH / SOME PROBLEMS OF PHILOSOPHY / ESSAYS
NEW YORK: LIBRARY OF AMERICA, 1988

JUNG, CARL GUSTAV

Archetypes of the Collective Unconscious
IN: THE BASIC WRITINGS OF C.G. JUNG
NEW YORK: THE MODERN LIBRARY, 1959, 358-407

Collected Works
NEW YORK, 1959

On the Nature of the Psyche
IN: THE BASIC WRITINGS OF C.G. JUNG
NEW YORK: THE MODERN LIBRARY, 1959, 47-133

Psychological Types
COLLECTED WRITINGS, VOL. 6
PRINCETON: PRINCETON UNIVERSITY PRESS, 1971

Psychology and Religion
IN: THE BASIC WRITINGS OF C.G. JUNG
NEW YORK: THE MODERN LIBRARY, 1959, 582-655

Religious and Psychological Problems of Alchemy
IN: THE BASIC WRITINGS OF C.G. JUNG
NEW YORK: THE MODERN LIBRARY, 1959, 537-581

The Basic Writings of C.G. Jung
NEW YORK: THE MODERN LIBRARY, 1959

The Development of Personality
COLLECTED WRITINGS, VOL. 17
PRINCETON: PRINCETON UNIVERSITY PRESS, 1954

The Meaning and Significance of Dreams
BOSTON: SIGO PRESS, 1991

The Myth of the Divine Child
IN: ESSAYS ON A SCIENCE OF MYTHOLOGY
PRINCETON, N.J.: PRINCETON UNIVERSITY PRESS BOLLINGEN
SERIES XXII, 1969. (WITH KARL KERENYI)

Two Essays on Analytical Psychology
COLLECTED WRITINGS, VOL. 7
PRINCETON: PRINCETON UNIVERSITY PRESS, 1972
FIRST PUBLISHED BY ROUTLEDGE & KEGAN PAUL, LTD., 1953

KLEIN, MELANIE

Love, Guilt and Reparation, and Other Works 1921-1945
NEW YORK: FREE PRESS, 1984
(REISSUE EDITION)

Envy and Gratitude and Other Works 1946-1963
NEW YORK: FREE PRESS, 2002
(REISSUE EDITION)

KOESTLER, ARTHUR

The Act of Creation
NEW YORK: PENGUIN ARKANA, 1989.
ORIGINALLY PUBLISHED IN 1964

KRISHNAMURTI, J.

Freedom From The Known
SAN FRANCISCO: HARPER & ROW, 1969

The First and Last Freedom
SAN FRANCISCO: HARPER & ROW, 1975

Education and the Significance of Life
LONDON: VICTOR GOLLANCZ, 1978

Commentaries on Living
FIRST SERIES
LONDON: VICTOR GOLLANCZ, 1985

Commentaries on Living
SECOND SERIES
LONDON: VICTOR GOLLANCZ, 1986

Krishnamurti's Journal
LONDON: VICTOR GOLLANCZ, 1987

Krishnamurti's Notebook
LONDON: VICTOR GOLLANCZ, 1986

Beyond Violence
LONDON: VICTOR GOLLANCZ, 1985

Beginnings of Learning
NEW YORK: PENGUIN, 1986

The Penguin Krishnamurti Reader
NEW YORK: PENGUIN, 1987

On God
SAN FRANCISCO: HARPER & ROW, 1992

On Fear
SAN FRANCISCO: HARPER & ROW, 1995

The Essential Krishnamurti
SAN FRANCISCO: HARPER & ROW, 1996

The Ending of Time
WITH DR. DAVID BOHM
SAN FRANCISCO: HARPER & ROW, 1985

LAING, RONALD DAVID

Divided Self
NEW YORK: VIKING PRESS, 1991

R.D. Laing and the Paths of Anti-Psychiatry
ED., BY Z. KOTOWICZ
LONDON: ROUTLEDGE, 1997

The Politics of Experience
NEW YORK: PANTHEON, 1983

LIEDLOFF, JEAN

Continuum Concept
IN SEARCH OF HAPPINESS LOST
NEW YORK: PERSEUS BOOKS, 1986
FIRST PUBLISHED IN 1977

LOWEN, ALEXANDER

Bioenergetics
NEW YORK: COWARD, MCGOEGHAM 1975

Depression and the Body
THE BIOLOGICAL BASIS OF FAITH AND REALITY
NEW YORK: PENGUIN, 1992

Fear of Life
NEW YORK: BIOENERGETIC PRESS, 2003

Honoring the Body
THE AUTOBIOGRAPHY OF ALEXANDER LOWEN
NEW YORK: BIOENERGETIC PRESS, 2004

Joy
THE SURRENDER TO THE BODY AND TO LIFE

NEW YORK: PENGUIN, 1995

Love and Orgasm
NEW YORK: MACMILLAN, 1965

Love, Sex and Your Heart
NEW YORK: BIOENERGETICS PRESS, 2004

Narcissism: Denial of the True Self
NEW YORK: MACMILLAN, COLLIER BOOKS, 1983

Pleasure: A Creative Approach to Life
NEW YORK: BIOENERGETICS PRESS, 2004
FIRST PUBLISHED IN 1970

The Language of the Body
PHYSICAL DYNAMICS OF CHARACTER STRUCTURE
NEW YORK: BIOENERGETICS PRESS, 2006

MILLER, ALICE

Four Your Own Good
HIDDEN CRUELTY IN CHILD-REARING AND THE ROOTS OF VIOLENCE
NEW YORK: FARRAR, STRAUS & GIROUX, 1983

Pictures of a Childhood
NEW YORK: FARRAR, STRAUS & GIROUX, 1986

The Drama of the Gifted Child
IN SEARCH FOR THE TRUE SELF
TRANSLATED BY RUTH WARD
NEW YORK: BASIC BOOKS, 1996

Thou Shalt Not Be Aware
SOCIETY'S BETRAYAL OF THE CHILD
NEW YORK: NOONDAY, 1998

The Political Consequences of Child Abuse
IN: THE JOURNAL OF PSYCHOHISTORY 26, 2 (FALL 1998)

MOORE, THOMAS

Care of the Soul
A GUIDE FOR CULTIVATING DEPTH AND SACREDNESS IN EVERYDAY LIFE
NEW YORK: HARPER & COLLINS, 1994

REICH, WILHELM

Children of the Future
ON THE PREVENTION OF SEXUAL PATHOLOGY
NEW YORK: FARRAR, STRAUS & GIROUX, 1983
FIRST PUBLISHED IN 1950

CORE (Cosmic Orgone Engineering)
PART I, SPACE SHIPS, DOR AND DROUGHT
©1984, ORGONE INSTITUTE PRESS
XEROX COPY FROM THE WILHELM REICH MUSEUM

Early Writings 1
NEW YORK: FARRAR, STRAUS & GIROUX, 1975

Ether, God & Devil & Cosmic Superimposition
NEW YORK: FARRAR, STRAUS & GIROUX, 1972
ORIGINALLY PUBLISHED IN 1949

Genitality in the Theory and Therapy of Neurosis
©1980 BY MARY BOYD HIGGINS AS DIRECTOR OF THE WILHELM REICH INFANT
TRUST

People in Trouble

BIBLIOGRAFIA CONTESTUALE

©1974 by Mary Boyd Higgins as Director of the Wilhelm Reich Infant Trust

Record of a Friendship
The Correspondence of Wilhelm Reich and A. S. Neill
New York, Farrar, Straus & Giroux, 1981

Selected Writings
An Introduction to Orgonomy
New York: Farrar, Straus & Giroux, 1973

The Bioelectrical Investigation of Sexuality and Anxiety
New York: Farrar, Straus & Giroux, 1983
Originally published in 1935

The Bion Experiments
reprinted in *Selected Writings*
New York: Farrar, Straus & Giroux, 1973

The Function of the Orgasm (The Orgone, Vol. 1)
Orgone Institute Press, New York, 1942

The Cancer Biopathy (The Orgone, Vol. 2)
New York: Farrar, Straus & Giroux, 1973

The Invasion of Compulsory Sex Morality
New York: Farrar, Straus & Giroux, 1971
Originally published in 1932

The Leukemia Problem: Approach
©1951, Orgone Institute Press
Copyright Renewed 1979
XEROX Copy from the Wilhelm Reich Museum

The Mass Psychology of Fascism
New York: Farrar, Straus & Giroux, 1970
Originally published in 1933

The Orgone Energy Accumulator
Its Scientific and Medical Use
©1951, 1979, Orgone Institute Press

Xerox Copy from the Wilhelm Reich Museum

The Schizophrenic Split
©1945, 1949, 1972 by Mary Boyd Higgins as Director of the
Wilhelm Reich Infant Trust
Xerox Copy from the Wilhelm Reich Museum

The Sexual Revolution
©1945, 1962 by Mary Boyd Higgins as Director of the Wilhelm Reich
Infant Trust

Reid, Daniel P.

The Tao of Health, Sex & Longevity
A Modern Practical Guide to the Ancient Way
New York: Simon & Schuster, 1989

Guarding the Three Treasures
The Chinese Way of Health
New York: Simon & Schuster, 1993

Rosen, Sydney (Ed.)

My Voice Will Go With You
The Teaching Tales of Milton H. Erickson
New York: Norton & Co., 1991

Stein, Robert M.

Redeeming the Inner Child in Marriage and Therapy
In: Reclaiming the Inner Child
Ed. by Jeremiah Abrams
New York: Tarcher/Putnam, 1990, 261 ff.

STEINER, RUDOLF

Theosophy
AN INTRODUCTION TO THE SPIRITUAL PROCESSES IN HUMAN LIFE
AND IN THE COSMOS
NEW YORK: ANTHROPOSOPHIC PRESS, 1994

STONE, HAL & STONE, SIDRA

Embracing Our Selves
THE VOICE DIALOGUE MANUAL
SAN RAFAEL, CA: NEW WORLD LIBRARY, 1989

SZASZ, THOMAS

The Myth of Mental Illness
NEW YORK: HARPER & ROW, 1984

TART, CHARLES T.

Altered States of Consciousness
A BOOK OF READINGS
HOBOKEN, N.J.: WILEY & SONS, 1969

WHAT THE BLEEP DO WE KNOW!?

See Arntz, William

WHITFIELD, CHARLES L.

Healing the Child Within
DEERFIELD BEACH, FL: HEALTH COMMUNICATIONS, 1987

PERSONAL NOTES